Klaus Vogel
Verfassungsrechtsprechung zum Steuerrecht

Schriftenreihe
der
Juristischen Gesellschaft zu Berlin

Heft 160

W
DE
G

1999
Walter de Gruyter · Berlin · New York

Verfassungsrechtsprechung zum Steuerrecht

Von
Klaus Vogel

Vortrag
gehalten vor der
Juristischen Gesellschaft zu Berlin
am 16. September 1998

W
DE
G

1999
Walter de Gruyter · Berlin · New York

Dr. *Klaus Vogel,*
em. o. Universitätsprofessor an der Universität München

♾ Gedruckt auf säurefreiem Papier,
das die US-ANSI-Norm über Haltbarkeit erfüllt.

Die Deutsche Bibliothek – CIP-Einheitsaufnahme

Vogel, Klaus:
Verfassungsrechtsprechung zum Steuerrecht : Vortrag gehalten vor
der Juristischen Gesellschaft zu Berlin am 16. September 1998 / von
Klaus Vogel. - Berlin ; New York : de Gruyter, 1999
  (Schriftenreihe der Juristischen Gesellschaft zu Berlin ; H. 160)
  ISBN 3-11-016437-X

I.

Alle grundlegenden Entscheidungen über Anlage und Ausgestaltung eines Steuersystems sind Verfassungsentscheidungen. Sie bestimmen, was der Bürger von seinem Erwerb und Vermögen dem Staat überlassen muß; sie steuern sein Handeln, nicht nur das ökonomische; so definieren sie einen wichtigen Ausschnitt seiner staatsbürgerlichen Rechtsstellung. Soweit sie die Höhe der Steuern grundsätzlich regeln, bestimmen sie zugleich über das Ausmaß der Finanzmacht[1] staatlicher Funktionsträger. Auch aus diesem Grunde gehören solche Entscheidungen zur Verfassung im materiellen Sinne.

Inwieweit sie auch zur Verfassung im formellen Sinne gehören (also zu den Prinzipien und Regeln, die sich aus dem Verfassungsgesetz ableiten lassen, an dessen Vorrang und Bestandsgewähr teilhaben und verfassungsgerichtlicher Kontrolle unterliegen), ist nicht einheitlich zu beantworten. Nicht selten finden sich Vorgaben für das Steuerrecht schon in den Verfassungstexten: so in den deutschen einzelstaatlichen Verfassungen des neunzehnten Jahrhunderts[2], in der Weimarer Verfassung der Grundsatz der Besteuerung nach der Leistungsfähigkeit[3]; vielfältig gibt es verfassungsrechtliche Regelungen im Ausland[4], sehr ausführlich etwa in vielen Verfassungen schweizerischer Kantone[5] und auch der Einzelstaaten der USA[6]. Demgegenüber enthält der Text des Grundgesetzes nur Kompetenz- und Verteilungsvorschriften (Art. 105 bis 108 GG). Das Bundesverfassungsgericht hat aber aus den Grundrechten und dem Rechtsstaatsgrundsatz bereichsspezifische Anforderungen entnommen, an die die Steuergesetze gebunden sind. Sie sind Konkretisierungen formellen Verfassungsrechts und daher auch selber Verfassungsrecht im formellen Sinne.

---

[1] Über diese: *K. Vogel*, Der Finanz- und Steuerstaat, HdbStR Bd. 1, 1987, S. 1151 ff. (1156, 1161 ff.).

[2] *C. Waldhoff*, Verfassungsrechtliche Vorgaben für die Steuergesetzgebung im Vergleich Deutschland-Schweiz, 1997, S. 216 ff.

[3] Art. 134 WV.

[4] *K. Vogel/C. Waldhoff* in: Bonner Kommentar zum Grundgesetz, Vorbemerkungen zu Art. 104 a-115, Rdn. 672 ff.

[5] *C. Waldhoff*, a. a. O. (Fn. 2), S. 267 ff.

[6] *K. Vogel*, Verfassungsgrenzen für Steuern und Staatsausgaben? in: Festschrift für Theodor Maunz, 1981, S. 593 ff.

Wie aktuell diese Rechtsprechung ist, illustriert ein Vorgang, der erst drei Wochen zurückliegt. Das Handelsblatt berichtete am 26. August auf seiner Titelseite, „der Bundesfinanzhof" habe „deutliche Zweifel an der verfassungsrechtlichen Verbindlichkeit" des vom Bundesverfassungsgericht in seinem Beschluß zur Vermögensteuer[7] entwickelten sog. „Halbteilungsgrundsatzes" geäußert[8]. Im Inneren derselben Ausgabe hieß es schon, die „Finanzrichter" lägen „im Clinch mit Karlsruhe"[9]. Sofort meldeten sich Politiker der verschiedensten Richtungen; die einen wollten der vermeintlichen Äußerung des Bundesfinanzhofs entnehmen, es gebe nun doch keine verfassungsrechtliche Obergrenze für die Besteuerung und die Vermögensteuer sei nicht verfassungswidrig, die anderen traten diesen Folgerungen entgegen[10]. Tatsächlich war alles heiße Luft, die Entscheidung des Bundesfinanzhofs enthält die behauptete Äußerung nicht[11]. Die Aufregung, die die Fehlmeldung ausgelöst hatte, zeigt aber, welch politisch sensiblen Bereich die einschlägige Rechtsprechung des Bundesverfassungsgerichts betrifft.

Mein Vortrag soll Ihnen einen Überblick über diese Rechtsprechung geben: zunächst über ihre Entwicklung, allerdings nur in großen Zügen, dann etwas eingehender über ihren heutigen Stand.

II.

Betrachtet man die Rechtsprechung des Bundesverfassungsgerichts in Steuersachen seit seiner Gründung, so können – bei etwas vergröbernder Betrachtungsweise – drei Phasen unterschieden werden[12]: nach

---

[7] BVerfGE Bd. 93, S. 121.

[8] Handelsblatt vom 25.8.1988, S. 1.

[9] Handelsblatt, a. a. O., S. 5, s. auch S. 2.

[10] Handelsblatt vom 26.8.1998, S. 6, und vom 27.8.1998, S. 6; Frankfurter Allgemeine Zeitung vom 28.8.1998, S. 15.

[11] Bundesfinanzhof, Beschluß vom 17.7.1998, VI B 81/97, Umdruck S. 2. Der Beschluß hatte es gar nicht mit der Vermögensteuer, sondern mit der Einkommensteuer für 1993 zu tun. Er läßt es im Rahmen deren summarischer Beurteilung unentschieden, ob *für die Ertragssteuern* die Ausführungen des BVerfG lediglich ein obiter dictum seien, und bemerkt nur in einer Parenthese, daß vieles für diese Auffassung spreche.

[12] Zum Folgenden u. a.: *H.-J. Pezzer*, Familienbesteuerung und Grundgesetz, StuW 1989, S. 219 ff.; *K. Tipke*, Über Steuergesetzgebung und Verfassungsgerichtsbarkeit, StuW 1990, S. 316 ff.; *H.-W. Arndt*, Existenzminimum und Einkommensteuerrecht. Zum Beschluß des Bundesverfassungsgerichts vom 25. September 1992, StVj. 1993, S. 1 ff. (2 f.); *K. Vogel/C. Waldhoff*, a. a. O. (Fn. 4), Rdn. 501 ff.

der frühen Entscheidung zur Zusammenveranlagung von Ehegatten von 1957[13], die wie ein „Paukenschlag"[14] wirkte, weil sie die Geltung der Grundrechte auch für das Steuerrecht, hier des Art. 6 Abs. 1 GG, zum erstenmal voll ins Bewußtsein rief, und einigen nachfolgenden, ähnlich aufregenden Entscheidungen, besonders derjenigen zur Verfassungsmäßigkeit des damaligen Umsatzsteuersystems[15], folgte eine mittlere Phase verfassungsrechtlicher Stagnation[16] bis dann Ende der siebziger Jahre eine Phase neuer Qualität und Intensität der Verfassungsrechtsprechung zum Steuerrecht einsetzte. Sie begann mit Entscheidungen des Ersten Senats zur Berücksichtigung von Unterhaltsleistungen bei der Einkommensteuer (im Gegensatz zur früheren Rechtsprechung desselben Senats), dann vom Ende der achtziger Jahre an mit Entscheidungen des Zweiten Senats u. a. zur Zinsbesteuerung, zum steuerlichen Existenzminimum und zu den Einheitswerten bei der Vermögensteuer und Erbschaftsteuer.

In der Diskussion über diese Rechtsprechung werden häufig bestimmte Entscheidungen oder Entscheidungstendenzen einzelnen Verfassungsrichtern zugeordnet. Dies obwohl die Namen der Berichterstatter in den Entscheidungen nicht genannt werden, manches wird eben doch bekannt. So ist etwa der Beschluß zur Ehegattenbesteuerung eng mit dem Namen der Bundesverfassungsrichterin Dr. Erna Scheffler verbunden, das Urteil zur Umsatzsteuer mit dem des Richters Dr. Hugo Berger; die mittlere Phase der Verfassungsrechtsprechung zum Steuerrecht fällt mit der Amtszeit des Richters Dr. Karl Haager als Berichterstatter in Steuersachen zusammen; für die neuere Rechtsprechung über Steuerfragen und auch für andere wichtige Entscheidungen wird vielfach der Bundesverfassungsrichter Prof. Dr. Paul Kirchhof genannt. Bedeutung und Einfluß solcher hervorragender Persönlichkeiten sind gewiß nicht zu unterschätzen. Aber man sollte, meine ich, bei aller Zustimmung oder Kritik nicht vergessen, daß die Senatsentscheidungen des Bundesverfassungsgerichts jeweils von acht Richtern oder zumindest einer Mehrheit unter ihnen getragen werden. Ein Berichterstatter muß also für seinen Entscheidungsvorschlag jeweils Gründe anführen können, denen seine Richterkollegen beipflichten, und dies um

---

[13] BVerfGE Bd. 6, S. 55 ff.
[14] K. Tipke, a. a. O. (Fn. 13), S. 316; ders., Die Steuerrechtsordnung, 1993, Bd. 3, S. 1184.
[15] BVerfGE Bd. 21, S. 12 ff.
[16] Kritik bei K. Tipke, a. a. O. (Fn. 13).

8

so mehr, wenn eine Verfassungsfrage im Senat kontrovers ist[17]. Gelingt ihm das nicht, bleibt ihm nur, eine abweichende Meinung zu schreiben (wofür man Beispiele nennen kann).

Für die Gezeitenwechsel in der Rechtsprechung des Bundesverfassungsgerichts über Steuersachen müssen deswegen noch andere Umstände als nur die Persönlichkeiten der beteiligten Richter maßgebend gewesen sein. In der Frühphase war es vermutlich das Bestreben der Verfassungsrichter, die neuen, zum erstenmal sogar für den Gesetzgeber umfassend verbindlichen Grundrechte nun auch voll zu verwirklichen. Dann scheint es ein Erschrecken über die Folgen der ersten Entscheidungen gegeben zu haben; Ottmar Bühler, zwar kein Verfassungsrichter, aber, wie ich denke, für das Denken der damals Älteren repräsentativ, schrieb mir auf eine meiner ersten Veröffentlichungen hin, der Ehegattenbeschluß habe wahrscheinlich „mehr als 1 Milliarde Schaden angerichtet"[18]. So wurde das Bundesverfassungsgericht zurückhaltend gegenüber dem Steuerrecht. Es betonte den Entscheidungsspielraum des Gesetzgebers und beschränkte sich darauf, dessen Regelungen in Einzelfällen zu korrigieren. Treffend beschrieben wurde das mit den Worten, das Steuerrecht „entziehe" sich dem Zugriff des Verfassungsrechts durch „Immunisierungsstrategien"[19]. Hier ist, wohl eher ungewollt, für die damalige Einstellung im Bundesverfassungsgericht schon die Wortwahl bezeichnend: Immunisierung" ist der Schutz des gesunden Körpers gegen Krankheit; das Verfassungsrecht wird in dieser Formulierung also als ein Erreger betrachtet, der das Steuerrecht krank machen würde. Als das geschrieben wurde, war die Tide freilich schon umgeschlagen; der erste Senat hatte seine bisherige Rechtsprechung zur Abzugsfähigkeit von Unterhaltslasten revidiert und hatte damit begonnen, aus Art. 3 GG für das Einkommensteuerrecht konkrete Rechtsfolgen abzuleiten.

Was war der Anstoß für diesen Wandel? Zwei Gründe lassen sich vermuten: der zunehmende Druck der Steuern, den die deutsche Bevölkerung fühlte, und deren alarmierend wachsendes Gerechtigkeitsdefizit. Anfang der siebziger Jahre betrug die Staatsquote ein Drittel des Sozialprodukts, davon entfielen auf die Gebietskörperschaften

---

[17] S. zum Beispiel zur Vermögensteuerentscheidung (o. Fn. 7) die abweichende Meinung des Bundesverfassungsrichters Prof. Dr. Böckenförde, BVerfGE Bd. 93, S. 149.

[18] Postkarte vom 4.9.1958.

[19] G. F. *Schuppert*, Verfassungsrechtliche Prüfungsmaßstäbe bei der verfassungsgerichtlichen Überprüfung von Steuergesetzen, in: Festschrift für Zeidler, 1987, 691 ff.

etwa 28 %. 1972 propagierte eine Kommission unter dem Vorsitz des späteren Bundeskanzlers Schmidt eine Erhöhung dieses Anteils auf 36 %[20]. 1982 war das Ziel erreicht, gleichzeitig war aber auch die Quote der Sozialversicherungsträger gewachsen, so daß die Staatsquote insgesamt jetzt um 50 % betrug. Ebenfalls gleichzeitig war die Arbeitslosenquote von fast Null auf rd. 2 Millionen gestiegen; da ich kein Ökonom bin, muß ich mir Spekulationen darüber versagen, ob zwischen den beiden Entwicklungen ein Zusammenhang besteht. Bescheidene Ansätze, die Staatsquote zu reduzieren, wurden durch die Wiedervereinigung zunichte gemacht (deren Kosten man bei einer Staatsquote wie 1970 sicher besser bewältigt hätte). Dementsprechend stehen wir noch heute bei etwa 48 %. Weil die Spitzeneinkommen und Spitzenvermögen hoch, aber nicht sehr verbreitet sind, wird ein wesentlicher Teil dieser Mehrbelastung über die Lohnsteuer, die Kapitalertragsteuer und die Umsatzsteuer von den mittleren Verdienern getragen[21]. Angesichts dessen fragt der Bürger eindringlicher als früher, ob denn Finanzmittel in der Hand von Politikern und Beamten zwangsläufig, d. h. unabhängig von deren Verwendung, mehr zum Gemeinwohl beitragen als in der Hand von Privaten, ob sie nicht in erster Linie den Politikern Machtzuwachs bringen. Und das führt dann sehr schnell zu der weiteren Frage, ob die Verfassung nicht der Inanspruchnahme privater Mittel durch Politiker Grenzen ziehe[22].

Gleichzeitig wurde die Steuerpflicht immer weniger als eine gerechte Belastung empfunden und dies mit Recht. Damit meine ich nicht, daß die Spitzensteuersätze zu niedrig seien; das können nur Leute behaupten, die diese Sätze und die sich aus ihnen ergebende Gesamtbelastung nicht kennen. Wohl aber sind die Rechtsprinzipien, die unseren Steuergesetzen zugrunde liegen, besser: zugrunde liegen sollten, weithin nicht mehr wahrzunehmen, unkenntlich geworden. Sie sind durch eine Vielzahl von Änderungen und Ergänzungen, von Ausnahmen und wieder Ausnahmen zu diesen Ausnahmen so überlagert und entstellt, daß sie für die Betroffenen nicht mehr als Versuche einer gerechten Lastenverteilung zu erkennen sind. Gewiß ist das Steuerrecht schon seit

---

[20] Entwurf eines ökonomisch-politischen Orientierungsrahmens für die Jahre 1973-1985 (Langzeitprogramm) I, 1972, S. 32, 84 f.

[21] 1997 beliefen sich die Gesamtsteuereinnahmen in Deutschland auf 749,272 Milliarden DM. Davon entfielen auf die Lohnsteuer 248,672 Milliarden DM, auf die Kapitalertragsteuer 26,092 Milliarden DM, auf die Umsatzsteuer 240,9 Milliarden DM (zum Vergleich: die Vermögensteuer erbrachte 1996 9,035 Milliarden DM, die Erbschaftsteuer 1997 4,061 Milliarden DM). Quelle: Deutsche Bundesbank, Monatsbericht August 1998, S. 55*.

[22] S. o. Fn. 6.

langem, spätestens seit dem Ersten Weltkrieg, ein kompliziertes, für den Laien schwer überschaubares Rechtsgebiet. Heute kann aber auch ein Fachmann dieses Gebiet kaum noch überblicken. Arndt Raupach hat vor einigen Jahren die Änderungen des Einkommensteuergesetzes seit 1920 ausgezählt und gezeigt, daß nicht nur deren Anzahl sprunghaft gestiegen ist, sondern auch die Zahl der durch solche Änderungen betroffenen Paragraphen[23]. Diese Paragraphen wurden zudem immer länger, und neben die ursprünglichen traten mit Buchstaben bezeichnete; so enthält das derzeit geltende Einkommensteuergesetz 75 gezählte Paragraphen (von denen die letzten 17 auch erst relativ neu sind) und 97 Buchstabenparagraphen. Schon seit den siebziger und achtziger Jahren mehren sich deshalb die Äußerungen von hohen Richtern, Anwälten und Wissenschaftlern, die das geltende Steuerrecht als „Chaos", „Dschungel" oder gar „Perversion" bezeichnen[24]. In diesem Chaos gelingt es den Hochverdienenden, die sich eine teure Steuerberatung leisten können, ihre Steuerpflichten legal zu vermindern. Die Geringverdienenden haben diese Möglichkeit nicht; sie zahlen, wie dies ein namhafter Betriebswirt ausgedrückt hat, eine „Dummensteuer"[25]. Dieser Zustand ist, ich möchte das mit aller Deutlichkeit sagen, von Politikern

---

[23] A. *Raupach*, Niedergang des deutschen Einkommensteuerrechts. Möglichkeiten der Neubesinnung, in: A. *Raupach/K. Tipke/A. Uelner*, Niedergang oder Neuordnung des deutschen Einkommensteuerrechts? Hrsg. von D. *Birk*, 1985, S. 15 ff. (21 ff.).

[24] So der Präsident des BFH über Jahre hinweg in seinen Rechenschaftsberichten; besonders nachdrücklich: *F. Klein*, Die Belastung des Bundesfinanzhofs und Möglichkeiten zur Verbesserung des Rechtsschutzes, DStZ/A 1988, S. 131 ff. (133). Ferner ohne Anspruch auf Vollständigkeit: *W. Flume*, Besteuerung und Wirtschaftsordnung, StbJb. 1973/74, S. 53 ff. (27); *K.-H. Friauf*, Unser Steuerstaat als Rechtsstaat, StbJb. 1977/78, S. 39 ff. (54 f.); *G. Döllerer*, Steuerbilanz und Beutesymbol, BB 1988, S. 238 ff.; *B. Knobbe-Keuk*, Zum Verfall der Steuergesetzgebung, BB 1988, S. 1086 ff.; *J. Lang*, Gemeinnützigkeitsabhängige Steuervergünstigungen, StuW 1987, S. 221 ff. (222); *K. Meßmer*, „Steuergerechtigkeit" durch Normenflut, offene und verdeckte Subventionen und Entlastung der Finanzgerichtsbarkeit, BB 1981, Beilage 1 zu Heft 4, hier S. 2; *A. Raupach*, a. a. O. (Fn. 23); *K. Tipke*, Steuerrecht – Chaos, Konglomerat oder System? StuW 1971, S. 2 ff.; *ders.*, Die Steuerrechtsordnung, 1993, vor allem Bd. 3, S. 1441 ff.; *K. Vogel*, Perfektionismus im Steuerrecht, StuW 1980, S. 206 ff.; *ders.*, Der Verlust des Rechtsgedankens im Steuerrecht als Herausforderung an das Verfassungsrecht, DStJG Bd. 12, S. 123 ff., neu in: *K. Vogel*, Der offene Finanz- und Steuerstaat, 1991, S. 642 ff. – Die „Petersberger Steuervorschläge" vom Januar 1997 hätten, wären sie verwirklicht worden, zwar eine eindrucksvolle (und wünschenswerte) Tarifreform gebracht, aber die im Text dargestellten Mängel des deutschen Steuerrechts nicht gebessert; s. *J. Lang*, Editorial, StuW 1997, S. 1 f. Für den „Steuerreform"-Entwurf der neuen Bundesregierung vom Ende 1998 gilt nichts anderes.

[25] *G. Rose*, Verunsicherte Steuerpraxis, StbJb. 1975/76, S. 41 ff., 47.

aller demokratischen Parteien zu verantworten. Gelegentliche freimütige Äußerungen von Abgeordneten, die an zentraler Stelle am Gesetzgebungsprozeß in Steuersachen teilgehabt haben, belegen, daß bei uns die Praxis der Steuergesetzgebung fast nur noch vom politischen Kalkül bestimmt ist. Daß das Steuerrecht „Recht" sein, d. h. nach Gerechtigkeit geordnet sein sollte, ist zwar ein beliebter Topos für Wahlreden, wird aber vom Gesetzgeber kaum noch beachtet[26].

Den von der Verfassung bestellten Wächter über den Rechtsstaat, damit über die Rechtlichkeit unseres Gemeinwesens, das Bundesverfassungsgericht, konnte diese Entwicklung nicht gleichgültig lassen. Mehr und mehr hat es deshalb seine über viele Jahre hinweg beobachtete Zurückhaltung aufgegeben und hat, wo es in konkreten Streitfällen dazu Anlaß hatte, grundlegenden Gerechtigkeitsanforderungen unserer Verfassung zum Durchbruch verholfen.

III.

Für diese neuere Rechtsprechung sind, wie eingangs schon angemerkt, diejenigen Bestimmungen des Grundgesetzes, die sich ausdrücklich mit den Steuern befassen, die Art. 105 bis 108 GG, nur in geringem Umfang von Bedeutung gewesen. Hier handelt es sich um Regeln über die Verteilung der Steuergesetzgebungs-, -ertrags- und Verwaltungszuständigkeiten und über den Länderfinanzausgleich. Zwar ist überwiegend anerkannt und durch das Bundesverfassungsgericht mehrfach bekräftigt worden, daß Kompetenznormen neben ihrem organisationsrechtlichen auch einen materiellen Gehalt haben, daß sie insbesondere Grundrechtseinschränkungen rechtfertigen können[27]. Überwiegend besteht auch darüber Einverständnis, daß Art. 106 GG die Steuerertragszuständigkeiten zwischen Bund, Ländern und Gemeinden nach Steuerarten abschließend verteilt, daß also Steuern, die sich nicht in seinen Katalog einordnen lassen, nicht erhoben werden dürfen[28]. Denn, wie das Bundesverfassungsgericht in seiner Entschei-

---

[26] Nachweise bei *K. Vogel*, Verlust des Rechtsgedankens (Fn. 24), S. 128 ff.

[27] Grundlegend und mit Nachweisen *R. Stettner*, Grundfragen einer Kompetenzlehre, 1983, S. 328 ff.; s. besonders auch *M. Rodi*, Die Rechtfertigung von Steuern als Verfassungsproblem, 1994, S. 1511 ff.

[28] *D. Birk* in: Kommentar zum Grundgesetz für die Bundesrepublik Deutschland (Reihe Alternativkommentare), 2. Aufl., Bd. 2, 1989, zu Art. 106 Rdn. 6; *M. Küssner*, Die Abgrenzung der Kompetenzen des Bundes und der Länder im Bereich der Steuergesetzgebung sowie der Begriff der Gleichartigkeit von Steuern, Berlin 1992, S. 56 ff.; *T. Maunz*, in: *Maunz/Dürig*, Grundgesetz,

dung zur Fehlbelegungsabgabe gesagt hat, die „in sich differenzierte, Gesamtstaat und Gliedstaaten in ihrem Anteil am Gesamtertrag der Volkswirtschaft sorgsam ausbalancierende Regelung" des Art. 106 GG ist ein „Eckpfeiler der bundesstaatlichen Ordnung" des Grundgesetzes; sie „verlöre ihren Sinn und ihre Funktion", wenn es zulässig wäre, sie durch nicht dort vorgesehene Abgaben zu unterlaufen[29]. Die Steuertypenbegriffe des Art. 106 GG sind aber so weit gefaßt, daß nur selten Steuergesetze an dieser Einschränkung scheitern werden.

Immerhin hat schon 1963 der Zweite Senat des Bundesverfassungsgerichts (nicht der für den Grundrechtsschutz und damals deshalb in Steuersachen überwiegend zuständige erste) eine vom Land Hessen vorgesehene gemeindliche Speiseeissteuer für verfassungswidrig erklärt, weil sie nicht zu den den Gemeinden zugewiesenen „Steuern mit örtlich bedingtem Wirkungskreis" – heute heißt es im Grundgesetz: „örtliche Verbrauch und Aufwandsteuern" – gehöre und weil sie mit der bundesrechtlich geregelten Umsatzsteuer gleichartig sei[30]. 1971 hat derselbe Senat eine Ausdehnung der Umsatzsteuer auf die öffentlichrechtlichen Rundfunkanstalten verworfen, weil der Bundesgesetzgeber nach Art. 105 GG in dessen bis 1970 geltender Fassung zur gesetzlichen Regelung der Umsatzsteuer nur für privatwirtschaftliche Leistungsvorgänge zuständig gewesen sei[31]. Auch der Vermögensteuerbeschluß von 1995 enthält Ausführungen darüber, daß eine Vermögensteuer verfassungsrechtlich nur als Sollertragssteuer gestattet sei[32]; gegen sie wendet sich ein Sondervotum des Richters Böckenförde[33]. Die Senatsmehrheit leitete aber ihre Entscheidung nicht aus dem Begriff

---

Kommentar, Art. 105 Rdn. 46 und Art. 106 Rdn. 59 f.; *H. Siekmann* in: *M. Sachs*, Grundgesetz, Kommentar, Art. 105 Rz. 37; *K. Stern*, Staatsrecht, Bd. 2, 1980, S. 1118 ff.; *K. Vogel/H. Walter* in: Bonner Kommentar, Art. 106 GG Rdn. 159 ff.; *K. Vogel*, Grundzüge des Finanzrechts des Grundgesetzes, HdbStR Bd. 4, 1990, S. 3 ff. Rdn. 32 f.; *ders.*, Zur Auslegung des Artikel 106 Grundgesetz, in: Die Steuerrechtsordnung in der Diskussion, Festschrift für Klaus Tipke, 1995, S. 93 ff.; *C. Waldhoff*, a. a. O. (o. Fn. 2), S. 185. Abweichend: *H. Fischer-Menshausen*, in: von *Münch/Kunig* (Hrsg.), Grundgesetz-Kommentar, 3. Aufl., Bd. 3, 1996, Art. 106 Rdn. 13 ff.; *K. Tipke*, Die Steuerrechtsordnung (o. Fn. 24), Bd. 3, S. 1082 ff.; *ders.*, Vom Konglomerat herkömmlicher Steuern zum System gerechter Steuern, BB 1994, S. 437 ff.; *R. Wendt*, Finanzhoheit und Finanzausgleich, HdbStR Bd. 4, 1990, S. 1021 ff. Rdn. 28 ff.

[29] BVerfGE Bd. 78, S. 249 ff. (266). So auch früher schon zu den „Sonderabgaben": BVerfGE Bd. 55, S. 274 ff. (300 f.).

[30] BVerfGE Bd. 16, S. 306 ff.

[31] BVerfGE Bd. 31, S. 314 ff.

[32] BVerfGE Bd. 93, S. 121 ff. (136 ff.).

[33] A. a. O., S. 149 ff.

der Vermögensteuer in Art. 106 Abs. 2 Nr. 1 GG her, sondern aus der Eigentumsgarantie des Art. 14 GG.

Jüngst hat ferner der Zweite Senat über die Grenzen der Gesetzgebungszuständigkeit für Steuern entschieden, die nicht nur Lasten austeilen und dadurch Erträge erbringen, sondern die gleichzeitig Lenkungsaufgaben erfüllen sollen. Nach bisheriger Rechtsprechung bedarf es für den Erlaß eines derartigen Steuergesetzes nur einer Zuständigkeit nach Art. 105 GG; das Gesetzgebungsorgan muß also nicht auch in der Sache nach den Art. 70 ff. GG zur Regelung der betreffenden Materie zuständig sein[34]. Daran hat der Senat auch jetzt festgehalten; doch dürfe sich der mit dem Steuergesetz angestrebte Lenkungseffekt nicht zu einer Regelung des zuständigen Sachgesetzgebers in Widerspruch setzen, weil sich der Bürger sonst zwei einander entgegengesetzten Anforderungen ausgesetzt sähe, was gegen das Rechtsstaatsgebot verstoße. Im konkreten Fall einer kommunalen Verpackungssteuer hat der Senat einen Widerspruch zum Bundesabfallrecht angenommen[35], ebenso (außerhalb des Steuerrechts) für bestimmte Landesabfallgebühren[36].

Im übrigen waren es die Grundrechte, die die neuere Rechtsprechung des Bundesverfassungsgerichts zum Steuerrecht im wesentlichen bestimmt haben. Bis dahin war es freilich ein langer Weg. Den frühen, auf Art. 6 Abs. 1 GG, die verfassungsrechtliche Gewährleistung von Ehe und Familie, gestützten Beschluß zur Zusammenveranlagung von Ehegatten hatte ich schon erwähnt[37]. Ihm folgten einige weitere Entscheidungen, in denen das Gericht ebenfalls steuergesetzliche Vorschriften wegen Verstoßes gegen Art. 6 Abs. 1 GG für verfassungswidrig erklärte oder – in einem Fall – eine verfassungskonforme Auslegung vorgab[38]. Von Anfang an zurückhaltender war das Gericht

[34] BVerfGE Bd. 3, S. 407 ff. (436); Bd. 7, S. 244 ff. (254); Bd. 16, S. 147 ff. (161); Bd. 19, S. 119 ff. (125); Bd. 29, S. 327 ff. (331); Bd. 30, S. 250 ff. (264); Bd. 36, S. 66 ff. (71); Bd. 38, S. 61 ff. (80). Hierzu kritisch K. Vogel, Grundzüge des Finanzrechts des Grundgesetzes, HdbStR Bd. 4, 1990, S. 3 ff. (38) mit Nachw. in Fn. 204).
[35] BVerfG Urteil vom 7.5.1998, 2 BvR 1991/95 und 2004/95, einstweilen DÖV 1998, S. 642.
[36] BVerfG Urteil vom 7.5.1998, 2 BvR 1876/91 u. a., einstweilen DÖV 1998, S. 647.
[37] S. o. Fn. 13.
[38] BVerfGE Bd. 12, S. 151 ff. (Beitreibung der Vermögensabgabe nach LAG, verfassungskonforme Auslegung der Freibetragsregelung); S. 180 ff. (Zusammenveranlagung bei Soforthilfeabgabe und Vermögensabgabe); Bd. 13, S. 290 ff. (Ehegattenarbeitsverhältnisse bei der Gewerbesteuer); Bd. 15, S. 328 ff. (Hypothekengewinnabgabe); Bd. 16, S. 203 ff. (Zusammenrechnung von Anteilen bei der Grunderwerbsteuer); S. 243 ff. (Ehegattenarbeitsverhältnisse bei der Ein-

demgegenüber bei der Anwendung des Grundrechts der Berufsfreiheit nach Art. 12 GG auf Steuergesetze. In seinem Beschluß von 1961 zur Schankerlaubnissteuer[39] hielt es zwar das Grundrecht für betroffen, sah aber die Steuerpflicht, dogmatisch wenig überzeugend, nur als eine „Ausübungsregelung" im Sinne seiner zuvor im „Apotheken-Urteil"[40] entwickelten „Stufentheorie" an, die durch „gesundheitspolitische, sozialpolitische und volkswirtschaftliche Interessen der Allgemeinheit" gerechtfertigt sei[41]. Für die Besteuerung von Spielautomaten verneinte es anfangs schon eine Berührung des Schutzbereichs des Art. 12 GG[42] (dies in heutiger Terminologie ausgedrückt), in einem späteren Beschluß jedenfalls deren Verfassungswidrigkeit[43]. In den Entscheidungen zur Besteuerung des Werkfernverkehrs und später zum sog. „Leberpfennig" nahm es wieder nur eine Ausübungsregelung an, die zu Recht verkehrspolitischen Zielen diene[44]. Während diese Judikatur nicht durchweg überzeugt[45], hat das Bundesverfassungsgericht sicherlich richtig entschieden, als es einen aus der Kunstfreiheitsgarantie (Art. 5 Abs. 3 GG) hergeleiteten Anspruch auf Steuerfreiheit für künstlerische Betätigungen[46] – konkret: auf Umsatzsteuerfreiheit für Schallplatten – und durch eine Kammerentscheidung ein auf das Grundrecht der Gewissensfreiheit (Art. 4 Abs. 1 GG) gestütztes Recht auf Steuerverweigerung aus Gewissensgründen[47] verneinte.

Zurückhaltend war das Bundesverfassungsgericht über Jahrzehnte hinweg auch bei der Anwendung des Gleichheitssatzes und der Eigentumsgarantie, also der Art. 3 und 14 GG, auf Steuergesetze. Zunächst außerhalb steuerrechtlicher Fragestellungen haben sich dann aber im Laufe der Zeit Änderungen der Auslegung beider Grundrechte angebahnt. Diese Änderungen blieben auch auf die Rechtsprechung zu Steuerfragen nicht ohne Wirkung.

---

kommensteuer); Bd. 18, S. 97 ff. (Zusammenveranlagung von Eltern und Kindern bei der Einkommensteuer).

[39] BVerfGE Bd. 13, S. 181 ff.
[40] BVerfGE Bd. 7, S. 377.
[41] BVerfGE, a. a. O. (Fn. 39), S. 190, s. auch BVerfGE Bd. 29, S. 327 (333 f.).
[42] BVerfGE Bd. 14, S. 76 ff.
[43] BVerfGE Bd. 31, S. 8 ff.
[44] BVerfGE Bd. 16, S. 147 ff.; Bd. 38, S. 61 ff.
[45] *Vogel/Waldhoff*, a. a. O. (Fn. 4) Rdn. 561 ff.
[46] BVerfGE Bd. 36, S. 321 ff. (332).
[47] BVerfG StuW 1992, S. 360.

IV.

Seiner Rechtsprechung zum Gleichheitssatz hatte das Bundesverfassungsgericht ursprünglich die von Gerhard Leibholz[48] entwickelte „Willkür"-Formel zugrundegelegt; nach ihr war der Gleichheitssatz dann verletzt, „wenn sich ein vernünftiger, sich aus der Natur der Sache ergebender oder sonstwie sachlich einleuchtender Grund für die gesetzliche Differenzierung oder Gleichbehandlung nicht finden läßt, kurzum, wenn die Bestimmung als willkürlich bezeichnet werden muß"[49]. Bei der Anwendung dieser Formel auf Steuergesetze verfuhr das Gericht nach ersten Entscheidungen, denen man zustimmen konnte[50], bald seinerseits recht willkürlich[51] Als Begründung dafür, daß der Gleichheitssatz nicht verletzt sei, wies es häufig nur auf tatsächliche Unterschiede zwischen den Vergleichssachverhalten hin, wie sie zwischen nicht voll identischen Sachverhalten natürlich immer bestehen. Vernachlässigt wurde dagegen die Frage, ob diese Unterschiede „sachlich einleuchtende Gründe" für die geltend gemachte Ungleichbehandlung seien. Um diese Lücke deutlich zu machen, hat damals Klaus Tipke Begründungen und Ergebnisse zweier Entscheidungen des Bundesverfassungsgerichts, von denen eine einen Gleichheitsverstoß bejahte, die andere ihn verneinte, miteinander vertauscht; die Entscheidungsgründe blieben so plausibel – oder so wenig plausibel – wie vorher[52]. Für den Steuergesetzgeber ergab sich daraus ein weiter Gestaltungsspielraum.

Ein sehr oberflächlicher Umgang mit dem Gleichhheitssatz kennzeichnete noch den Beschluß des Ersten Senats zum Fortfall der Kinderfreibeträge bei der Einkommensteuer von 1976[53]. Der Beschluß stellte zwar zutreffend fest, daß „die Belastung durch Unterhaltsverpflichtungen gegenüber den Kindern ... ein besonderer, die Leistungsfähigkeit der Eltern beeinträchtigender Umstand" sei, den der Gesetzgeber nicht „ohne Verstoß gegen die Steuergerechtigkeit ... außer acht

---

[48] G. Leibholz, Die Gleichheit vor dem Gesetz, 1925, 2. Aufl. 1959.
[49] BVerfGE Bd. 1, S. 14 ff. (52), seither st. Rspr.
[50] BVerfGE Bd. 13, S. 331 ff.; s. auch die Entscheidung zur Umsatzsteuer o. Fn. 15.
[51] Für einen Überblick Vogel/Waldhoff, a. a. O. (o. Fn. 4) Rdn. 504 Fn. 145.
[52] K. Tipke, Anwendung des Gleichheitssatzes im Steuerrecht. Methode oder irrationale Spekulation, BB 1973, S. 157 ff. Der Verfasser war damals genötigt, seine anfänglich positive Bewertung der Verfassungsrechtsprechung zum Gleichheitssatz aufzugeben: K. Vogel, Urteilsanmerkung, NJW 1979, S. 1158; ders., Verbot des Verlustausgleichs für bestimmte ausländische Verluste, BB 1983, S. 180 (187).
[53] BVerfGE Bd. 43, S. 108 ff.

lassen" dürfe. Er hielt es dann aber für genügend, daß der Staat neben einem (zweifelsfrei nicht kostendeckenden) Kindergeld ein „Schul-, Bildungs- und Ausbildungssystem" zur Verfügung stelle, offenbar ohne zu bedenken, daß diese kostenfreie Ausbildung ja auch im öffentlichen Interesse liegt und daß sie zudem die den Eltern verbleibenden Unterhaltslasten keineswegs mindert[54].

Sechs Jahre später in nunmehr veränderter Besetzung korrigierte der Senat die Entscheidung[55]. Dazu hat sicherlich beigetragen, daß der zu entscheidende Fall besonders krass war: ein Witwer mit fünf kleinen Kindern hatte nachweislich 20 000 DM für deren Betreuung aufwenden müssen; nach Steuern verblieb ihm weniger, als wenn er seinen kleinen Betrieb aufgegeben und Sozialhilfe bezogen hätte. Inzwischen hatte aber auch der Senat eine „neue Formel" für die Anwendung des Gleichheitssatzes entwickelt, die seither beide Senate neben der Leibholz'schen Formel verwenden. Nach ihr ist der Gleichheitssatz „vor allem dann verletzt, wenn eine Gruppe von Normadressaten" – man könnte auch schlichter sagen: von Menschen – „im Vergleich zu anderen Normadressaten anders behandelt wird, obwohl zwischen beiden Gruppen keine Unterschiede von solcher Art und solchem Gewicht bestehen, daß sie die Ungleichbehandlung rechtfertigen könnten[56]. Diese Formulierung betont deutlicher als die frühere, daß es auf die Rechtfertigung einer Ungleichbehandlung durch Art und Gewicht der vorhandenen Unterschiede ankommt. Das Urteil zur Besteuerung der Alleinerziehenden verwendet die „neue Formel" zwar nicht ausdrücklich; aber es hebt an zwei Stellen hervor, daß die durch die Nichtberücksichtigung der Kinderbetreuungskosten sich ergebende steuerliche Mehrbelastung der Alleinerziehenden nicht zu rechtfertigen sei[57].

Noch in einer anderen, dogmatischen Hinsicht ist das Urteil bedeutsam. Schon der Kinderfreibetragsbeschluß hatte aus dem Gleichheitssatz das Gebot der Steuergerechtigkeit und aus diesem das Prinzip der Besteuerung nach dem Maß der wirtschaftlichen Leistungsfähigkeit abgeleitet; er war aber bei der Anwendung dieses Prinzips auf halbem Weg stehengeblieben. Demgegenüber stützt sich das Urteil über die

---

[54] BVerfGE, a. a. O. (Fn. 53), S. 120, 121. Ausdrücklich dagegen vierzehn Jahre später derselbe Senat: BVerfGE Bd. 82, S. 60 (88), S. 198 (207).

[55] BVerfGE Bd. 61, S. 319 ff. Formal läßt das Urteil die Richtigkeit des Kinderfreibetragsbeschlusses zwar dahinstehen (vgl. S. 344: „Unter dieser Voraussetzung ..."), in der Sache gibt es ihn aber auf. Das wird durch die späteren Entscheidungen zum Abzug von Unterhaltsaufwand bestätigt.

[56] BVerfGE Bd. 55, S. 72 ff. (88).

[57] BVerfGE, a. a. O. (Fn. 55), S. 349 („nicht zu rechtfertigende Mehrbelastung"), 351 („sind sachliche Rechtfertigungsgründe nicht ersichtlich").

Besteuerung der Alleinerziehenden voll auf das Leistungsfähigkeitsprinzip, das es als eine bereichsspezifische Konkretisierung des Gleichheitssatzes versteht[58]. Die weitere Rechtsprechung zur Berücksichtigung von Unterhaltslasten im Einkommensteuerrecht hat das fortgeführt, hat aber, über den Gleichheitssatz hinaus, auch noch andere verfassungsrechtliche Gesichtspunkte einbezogen.

Zunächst wurde in einem Beschluß von 1984 der Grundsatz, daß
zwangsläufige Aufwendungen auch der Privatsphäre von der Bemessungsgrundlage der Einkommensteuer abzuziehen seien (eine Folgerung
aus dem Leistungsfähigkeitsprinzip) über den Kindesunterhalt hinaus
auch auf Unterhaltsleistungen an andere Familienmitglieder übertragen.
Da zudem das Einkommensteuergesetz damals die Absetzung solcher
Unterhaltsleistungen als außergewöhnliche Belastungen nur bis zu einem Höchstbetrag von 1200 DM jährlich gestattete, noch dazu gekürzt
um bestimmte eigene Einkünfte des Unterhaltsberechtigten, entschied
das Bundesverfassungsgericht, daß der Gesetzgeber dem Abzug „keine
realitätsfremden Grenzen ziehen" dürfe. Die Grenze von 1200 DM war
unzweifelhaft realitätsfremd; das Gericht verwies dafür u. a. auf das Sozialhilferecht[59]. Ein Beschluß von 1990 befaßte sich dann mit der Frei-
stellung des Existenzminimums. Aus der Gewährleistung der Menschenwürde in Verbindung mit dem Sozialstaatsgrundsatz leitete er ab,
„daß der Staat dem Steuerpflichtigen sein Einkommen insoweit steuerfrei belassen muß, als es zur Schaffung der Mindestvoraussetzungen für
ein menschenwürdiges Dasein benötigt wird". In Verbindung mit Art. 6
GG folge aus diesen Grundsätzen ferner, daß auch das Existenzminimum sämtlicher Familienmitglieder steuerfrei bleiben müsse[60]. Erst bei
Einkünften, die über das Minimum hinausgehen, setze das Leistungsfähigkeitsprinzip ein; es gebiete, daß auch bei höheren Einkünften der
Unterhaltsaufwand für Kinder abzugsfähig sein müsse[61]. Nach beifalls-
werten Ausführungen zur horizontalen Steuergerechtigkeit im Verhält-

---

[58] Zum Leistungsfähigkeitsprinzip umfassend: D. Birk, Das Leistungsfähigkeitsprinzip als Maßstab der Steuernormen, 1983; K. Tipke, Die Steuerrechtsordnung, 1993, S. 470 ff. Über die Entwicklung der Rechtsprechung des BVerfG
zum Leistungsfähigkeitsprinzip s. K. Vogel, Zwangsläufige Aufwendungen –
besonders Unterhaltsaufwendungen – müssen realitätsgerecht abziehbar sein,
StuW 1984, S. 197 ff.
[59] BVerfGE Bd. 66, S. 214 ff. (223).
[60] BVerfGE Bd. 82, S. 60 ff. (85), S. 198 ff.
[61] BVerfGE, a. a. O. (Fn. 60), S. 87: „Der Staat ... darf Kinder und private
Bedürfnisbefriedigung nicht auf eine Stufe stellen ... und darf den Eltern im
Steuerrecht nicht etwa die ,Vermeidbarkeit' von Kindern in gleicher Weise ent-
gegenhalten wie die Vermeidbarkeit sonstiger Lebensführungskosten."

18

nis zwischen Eltern und Kinderlosen und zum progressiven Tarif kommt der Beschluß am Ende dann allerdings zu der merkwürdigen Folgerung, daß das staatliche Kindergeld in einen „fiktiven Kinderfreibetrag" umzurechnen sei[62]; darauf kann ich hier nicht ein- gehen.

Hatte der Erste Senat in dieser Entscheidung bereits die Gewährleistung der Menschenwürde, das Sozialstaatsprinzip, sowie den Schutz von Ehe und Familie herangezogen, so argumentiert der Zweite Senat in seinem Beschluß zum Grundfreibetrag des Einkommensteuertarifs ganz von den Freiheitsgrundrechten her. Steuergesetze seien in ihrer freiheitsbeschränkenden Wirkung jedenfalls an Art. 2 Abs. 1 GG zu messen; doch griffen sie „in die allgemeine Handlungsfreiheit gerade in deren Ausprägung ... im vermögensrechtlichen und beruflichen Bereich" ein, wofür der Beschluß Art. 14 Abs. 1 und Abs. 12 Abs. 1 GG anführt. Diese geschützten Freiheitsrechte dürften nur soweit beschränkt werden, daß dem Steuerpflichtigen „ein Kernbestand des Erfolges eigener Betätigung im wirtschaftlichen Bereich" erhalten bleibe. Hieraus – also aus Freiheitsrechten und nicht wie der Erste Senat aus dem Schutz der Menschenwürde und dem Sozialstaatsprinzip – folgert der Beschluß dann, daß dem Steuerpflichtigen nach Erfüllung seiner Einkommensteuerschuld von dem Erworbenen zumindest das Existenzminimum für sich und seine Familie verbleiben müsse[63]. Ob dies durch einen Abzug von der Bemessungsgrundlage[64] bewirkt werde oder im Rahmen des Steuertarifs durch einen Grundfreibetrag, wie es derzeit geschieht, sei dem Gesetzgeber überlassen; ihm sei es auch unbenommen, den Tarifverlauf so zu gestalten, daß mit steigendem Einkommen die Entlastungswirkung des Grundfreibetrags schrittweise kompensiert werde. Für die Bemessung des Existenzminimums verweist die Entscheidung auf das Sozialrecht.

Den Gleichheitssatz und das Leistungsfähigkeitsprinzip zu erwähnen, bestand in dieser Entscheidung kein Anlaß. Der Erste Senat hat deren Bedeutung für das Steuerrecht aber in zwei Entscheidungen von 1994 nochmals bestätigt[65]. Der zweite dieser Beschlüsse führt die Rechtsprechung beider Senate zusammen: das Existenzminimum des Steuerpflichtigen könne durch einen Grundfreibetrag im Steuertarif berücksichtigt werden, der bei steigendem Einkommen schrittweise

---

[62] BVerfGE, a. a. O. (Fn. 60), S. 92 ff.; zur Kritik statt aller: *M. Lehner*, Einkommensteuerrecht und Sozialhilferecht, 1993, S. 266 ff.

[63] BVerfGE Bd. 87, S. 153 ff. (169).

[64] Dafür mit guten Gründen die herrschende Meinung im Schrifttum; s. *M. Lehner*, a. a. O. (Fn. 62), S. 171 mit Nachw. in Fn. 276, S. 182 und S. 410.

[65] BVerfGE Bd. 89, S. 346 ff., Bd. 91, S. 93 ff.

kompensiert werden dürfe (wie dies der Zweite Senat entschieden hatte); dagegen müsse „im Falle eines für Steuerpflichtige mit Kindern und ohne Kinder einheitlichen Steuertarifs der Kinderfreibetrag (oder ein entsprechender Ausgleich durch Kindergeld) nach dem Gleichheitssatz Steuerpflichtigen aller Einkommensstufen in der verfassungsrechtlich gebotenen Höhe gewährt werden"[66] (so schon zuvor und auch in dieser Entscheidung der Erste Senat).

Zu erwähnen ist hier noch das Urteil von 1991 zur Zinsbesteuerung[67]. Während alle bislang erwähnten Entscheidungen mit der Vereinbarkeit von Steuergesetzen mit dem Gleichheitssatz zu tun hatten, ging es im Zinsbesteuerungsurteil um deren Anwendung. Seit langem war bekannt, daß die Einkommensteuer auf Zinsen im großen Umfang hinterzogen wurde, weil in den Steuererklärungen die Zinsen nicht oder nur unzureichend angegeben wurden und die Hinterzieher durch das Bankgeheimnis geschützt waren. Der Bundesrechnungshof schätzte die Hinterziehungsquote auf 65 %[68]. Versuche, einen Steuerabzug an der Quelle ähnlich wie bei der Lohnsteuer und Kapitalertragsteuer einzuführen, waren nur halbherzig unternommen worden und waren gescheitert. Eine Auskunftspflicht der Banken wollte man nicht einführen. So zahlten nur die ehrlichen Steuerpflichtigen. In dieser Lage entschied das Bundesverfassungsgericht, im Steuerrecht verlange der Gleichheitssatz nicht nur eine Steuergesetzgebung, die den Anforderungen der Gleichheit entspreche, sondern auch deren gleichmäßige Anwendung. Könne ein Steueranspruch in vielen Fällen nicht durchgesetzt werden und sei dies dem Gesetzgeber zuzurechnen, so verletze dies den Gleichheitssatz; das führe dann zur Verfassungswidrigkeit auch des nicht durchsetzbaren materiellen Steuergesetzes. Auf Grund dieses Urteils wären die Bestimmungen des Einkommensteuergesetzes über die Steuerpflicht der Zinsen außer Kraft getreten, hätte nicht der Gesetzgeber eiligst die Zinsabschlagsteuer geschaffen.

Wichtig ist endlich ein erst nach dem hier abgedruckten Vortrag ergangener Beschluß, nach dem der Gesetzgeber unterschiedliche Rechtsfolgen für die Einkunftsarten des EStG nicht ohne besondere sachliche Gründe vorsehen dürfe. Im konkreten Fall ging es um ein Verbot der Verlustverrechnung bei „sonstigen Einkünften", das für verfassungswidrig erklärt wurde[69].

---

[66] BVerfGE Bd. 91, a. a. O., S. 109.
[67] BVerfGE Bd. 84, S. 239 ff.
[68] BVerfGE, a. a. O. (Fn. 84), S. 262.
[69] Beschluß vom 30.9.1998, 2 BvR 1818/91, einstweilen DStR 1998 S. 1743. S. auch bereits BVerfGE Bd. 84, S. 348 ff. (363 f.); Bd. 96, S. 1 ff. (6).

V.

Jetzt noch zur Eigentumsgarantie, Art. 14 GG. In einem sehr frühen Beschluß hatte das Bundesverfassungsgericht über die Abgrenzung zwischen Lastenausgleichsabgaben und Enteignungen zu befinden; es entschied, „die Verpflichtung zur Zahlung laufender Beträge" sei keine Enteignung[70]. Daraus entstand die Formel, Art. 14 GG schütze „nicht das Vermögen gegen die Auferlegung von Geldleistungspflichten"[71]. Bald erkannte das Gericht aber, daß dies zu allgemein war, und schränkte die Formulierung jeweils durch die Worte „grundsätzlich" oder „in der Regel" ein[72]. Seit 1962 präzisierte es die Einschränkung zusätzlich dahin, daß ein Verstoß gegen Art. 14 GG dann in Betracht kommen könne, „wenn die Geldleistungspflichten den Pflichtigen übermäßig beeinträchtigen"[73]. Damit war dem Grundsatz nach anerkannt, daß auch Steuergesetze an Art. 14 GG zu messen seien. Was allerdings eine „übermäßige Beeinträchtigung" sei, blieb offen, da das Gericht bis 1995 kein „Übermaß" sah.

Inzwischen hatte es jedoch schon 1968 die Auslegung des Art. 14 GG in einem anderen Punkt klargestellt, dessen Bedeutung für das Steuerverfassungsrecht lange Zeit nicht gesehen wurde. In seinem Urteil zur Hamburger Deichordnung – also außerhalb des Steuerrechts – hatte es entschieden, daß eine Enteignungsentschädigung auch unter dem Marktwert bleiben dürfe; der Gesetzgeber habe auf „situationsbedingte Besonderheiten des Sachverhalts und die Zeitumstände Rücksicht" zu nehmen[74]. Das hieß anders gewendet: wo es keine solche Besonderheiten gibt, ist Entschädigung nach dem vollen Zeitwert zu leisten. Die Eigentumsgarantie gewährleistet also durch die Entschädigungsregelung des Art. 14 Abs. 3 GG den Zeitwert vorbehaltlich besonderer Umstände. Zusammengenommen mit dem bereits anerkannten Schutz des Vermögens gegen übermäßige Geldleistungspflichten bedeutete das, daß auch solche Geldleistungspflichten den Wert des Vermögens (seine „Substanz") nur unter besonderen Umständen antasten dürfen.

---

[70] BVerfGE Bd. 2, S. 237 (261).
[71] BVerfGE Bd. 4, S. 7 (17). Im Leitsatz der Entscheidung verkürzt: Art. 14 schütze „nicht das Vermögen als solches". Zur damaligen wissenschaftlichen Diskussion (E. Forsthoff, W. Weber) s. K. Vogel, Lenkungssteuern und Eigentumsgarantie, BayVBl. 1980, S. 523 ff. (525).
[72] Zuerst BVerfGE Bd. 10, S. 89 ff. (116).
[73] BVerfGE Bd. 14, S. 221 (241).
[74] BVerfGE Bd. 24, S. 367 ff. (421).

Der Vermögensteuerbeschluß des Zweiten Senats von 1995 hat diese
Konsequenz gezogen. Er verweist auf die früheren Ausführungen des
Senats in seinem Beschluß zum Existenzminimum über die Bedeutung
der Freiheitsgrundrechte für die Besteuerung (der Art. 2 Abs. 1, 12 und
14 GG) und folgert daraus, die Vermögensteuer dürfe „nur so bemes-
sen werden, daß sie in ihrem Zusammenwirken mit den sonstigen Steu-
erbelastungen die Substanz des Vermögens, den Vermögensstamm, un-
berührt läßt und aus den üblicherweise zu erwartenden, möglichen Er-
trägen (Sollerträge) bezahlt werden kann". Nur „unter besonderen
Voraussetzungen, etwa in staatlichen Ausnahmelagen" dürfe eine Besteuerung darüber hinausgehen[75]. Insoweit bleibt der Beschluß also
noch ganz im Rahmen dessen, was in der bisherigen Rechtsprechung
des Bundesverfassungsgerichts bereits angelegt war. Er entspricht auch
der zumindest vorwiegenden Meinung im Schrifttum[76], wenn er über
den Bestand des Vermögens hinaus auch einen sinnvollen Teil des Er-
trags in den Schutz des Art. 14 GG einbezieht. Für viele überraschend
war – und ist – allerdings die dem sich anschließende Interpretation des
Art. 14 Abs. 2 Satz 2 GG („Sein" – des Eigentums – „Gebrauch soll zugleich dem Wohl der Allgemeinheit dienen"). Aus dem „zugleich" folgert der Senat, daß der Staat dem Bürger seinen Ertrag mindestens zur
Hälfte belassen müsse: die Vermögensteuer dürfe „zu den übrigen
Steuern nur hinzutreten, soweit die steuerliche Gesamtbelastung des
Sollertrages ... in der Nähe einer hälftigen Teilung zwischen privater
und öffentlicher Hand verbleibt." Gleichzeitig erging eine Entscheidung des Senats zur Erbschaftsteuer, die aus der Verfassungsgarantie
des Erbrechts in Art. 14 Abs. 1 Satz 1 GG ebenfalls weittragende Folgerungen zog[77]. Sie hat aber längst nicht so viel Diskussion aufgewir-
belt wie der Vermögensteuerbeschluß durch seinen eben zitierten
„Halbteilungsgrundsatz". Viele fragen bis heute, inwiefern sich aus
dem Wort „zugleich" gerade eine Grenze von 50 % ergebe und nicht

---

[75] BVerfGE Bd. 93, S. 121 ff. (137). Die Entscheidung fährt fort: „Andern-
falls führte eine Vermögensbesteuerung im Ergebnis zu einer schrittweisen
Konfiskation, die den Steuerpflichtigen dadurch übermäßig belasten und seine
Vermögensverhältnisse grundlegend beeinträchtigen würde". Zu den Ausnahmelagen s. dann S. 138 f.
[76] Für eine ausführliche und differenzierte Übersicht über das einschlägige
Schrifttum s. M. Lehner, a. a. O. (Fn. 62), S. 365 ff.; s. dort auch besonders zur
Einbeziehung des Einkommens aus Erwerbstätigkeit S. 380 ff.
[77] BVerfGE Bd. 93, S. 165 ff.

z. B. von 60 % oder von zwei Dritteln[78]. Ihnen ist entgegenzuhalten: wenn man überhaupt einen Eigentumsschutz gegenüber einer übermäßigen Besteuerung des Vermögensertrags (oder allgemein des Erwerbs) anerkennt, läßt sich eine Quantifizierung dieser verfassungsrechtlichen Grenze auf die Dauer gar nicht vermeiden. Das Bundesverfassungsgericht hat auch in anderen Fällen aus unbestimmten Verfassungsbegriffen quantitative Grenzen ableiten müssen, z. B. für die Sperrklausel bei Wahlen, für die Erstattung von Wahlkampfkosten, für Parteispenden, für das Quorum bei Wahlvorschlägen[79]. Natürlich enthält jede solche Quantifizierung eine Dezision; sie ist aber unvermeidbar. Ihr methodisches Kriterium kann nur sein, daß sie plausibel ist. Wer eine andere Quantifizierung vorzieht, muß darlegen, daß sie besser einleuchtet. Für die Plausibilität einer Halbteilung – eine „gedämpfte", denn es heißt ja „in der Nähe einer hälftigen Teilung" – spricht immerhin, daß sieben von acht Richtern des entscheidenden Senats sich von ihr haben überzeugen lassen. Auch außerhalb des Verfassungsgerichts hat sie weithin Beifall gefunden. Einzuräumen ist der Kritik, daß die Auslegung von „zugleich" im Sinne einer (annähernd) hälftigen Teilung nicht die einzig mögliche Auslegung ist. Aber welche Verfassungsauslegung ist schon die einzig mögliche?

VI.

Damit kommt mein Bericht zu seinem Ende. Gegenwärtig wird darüber gestritten, ob die Festlegung des „Halbteilungsgrundsatzes" in der Vermögensteuerentscheidung bindend ist. Dazu ist zu sagen: das Bundesverfassungsgericht hat stets darauf bestanden, daß bindend nicht nur der Tenor seiner Entscheidungen, sondern auch deren tragende Gründe sind. Es hat ferner für sich das Recht in Anspruch genommen, festzulegen, welche Gründe die „tragenden" sind. Im Vermögensteuerbeschluß werden die Ausführungen zur Substanzbesteuerung

---

[78] So z. B. *H. P. Bull*, Vom Eigentums- zum Vermögensschutz, NJW 1996, S. 281 ff.; dagegen vgl. *K. Vogel*, Vom Eigentums- zum Vermögensschutz – eine kritische Erwiderung, NJW 1996, S. 1257 ff.

[79] Sperrklausel: BVerfGE Bd. 1, S. 208 ff. (256 ff.); Bd. 47, S. 253 ff. (277 ff.); Bd. 51, S. 222 ff. (237); Bd. 82, S. 322 ff. Wahlkampfkostenerstattung: BVerfGE Bd. 20, S. 56 ff. (118); Bd. 24, S. 300 ff. (342). Parteispenden: BVerfGE Bd. 24, S. 300 ff. (358); Bd. 52, S. 63 ff.; Bd. 73, S. 40 ff. (84); Bd. 85, S. 264 ff. (316, 324, 327). Wahlvorschläge: BVerfGE Bd. 3, S. 19 ff., S. 83 ff.; s. auch schon den Staatsgerichtshof für das Deutsche Reich bei *Lammers-Simons*, Bd. 1, S. 398 ff. (409).

und zur „hälftigen Teilung" ausdrücklich als tragende Gründe bezeichnet; der Senat hebt dabei noch besonders hervor, daß er auch für die Einkommensteuer zuständig sei[80]. Hiernach scheint mir klar, daß es sich nicht nur um ein obiter dictum handelt, wie manche meinen, die die Entscheidung wahrscheinlich nicht genau genug gelesen haben.

Natürlich wird die Rechtsprechung des Verfassungsgerichts, so wie sie in der Vergangenheit unterschiedliche Phasen durchlaufen hat, auch weiterhin nicht unverändert bleiben. Niemand kann voraussagen, wie das Gericht in näherer oder fernerer Zukunft über die heute von mir behandelten Fragen entscheiden wird. Wenn ich aber beobachte, wie wenig Hemmungen die Mehrheit der Politiker hat, Erwerb und Vermögen der Steuerzahler – der Bürger – für ihre Zwecke in Anspruch zu nehmen (Machtzuwachs, in gewissem Umfang auch Selbstbedienung[81], natürlich immer mit guten Gründen des Gemeinwohls kaschiert), wie für viele von ihnen die Erhöhung von Steuern die Antwort auf nahezu jedes Problem und in Streitfragen immer wieder am Ende die alle befriedigende Kompromißlösung ist, wenn ich beobachte, wie die Verfügung über öffentliche Mittel und die Machtausübung durch solche Mittel für Politiker zur Droge wird, von der ihnen eine Entwöhnung undenkbar scheint: wenn ich all das beobachte, dann kann ich nur hoffen, daß es bei der gegenwärtigen Verfassungsrechtsprechung zu den Maßstäben und den Grenzen des Steuerrechts bleibt und daß sie in gleicher Richtung fortgeführt wird.

---

[80] BVerfGE, a. a. O. (Fn. 74), S. 136.
[81] Zu diesem Aspekt zuletzt *von Arnim*, Diener vieler Herren, 1998, und viele frühere Schriften dieses verdienstlichen Autors.